BLUES WORKSHOP
Jeff Gardner

Nº Cat.: 435-M

Irmãos Vitale S.A. Indústria e Comércio
www.vitale.com.br
Rua França Pinto, 42   Vila Mariana   São Paulo   SP
CEP: 04016-000 Tel.: 11 5081-9499 Fax: 11 5574-7388

© Copyright 2016 by Irmãos Vitale S.A. Ind. e Com. - São Paulo - Brasil
Todos os direitos autorais reservados para o Brasil.
© Copyright 2016 by Jeff Gardner para o resto do mundo. *All rights reserved*.

Créditos / Credits:

Editoração de partituras / Music engraving:
Jeff Gardner

Design e editoração / Graphic design and page layout:
leovianadesign.com.br

Ilustração / Front cover painting:
Lisa Gardner

Foto contra capa / Back cover photo:
Adilson Felix

Arte finalista / Art finisher:
Rafael Paiva

Coordenação editorial / Editorial coordenation:
Roberto Votta

Produção executiva / Executive production:
Fernando Vitale

CIP-BRASIL. CATALOGAÇÃO NA FONTE
SINDICATO NACIONAL DOS EDITORES DE LIVROS - RJ.

G214b

    Gardner, Jeff, 1953-
    Blues workshop / Jeff Gardner. -- 1. ed.. -- São Paulo : Irmãos Vitale, 2017.
    88 p. : il. ; 30 cm.

    Inclui índice
    Prefácio, sumário, discografia
    ISBN: 978-85-7407-465-8

    1. Música. I. Título.

17-40787   CDD: 788.8219
                                  CDU: 788.8219

31/03/2017   03/04/2017

SUMÁRIO

PARTE 1

FORMAS BASICAS DE BLUES DE 12 COMPASSOS	11
LINHAS DE BAIXO	13
"COMPS" PARA MÃO DIREITA	17
ESCALAS PENTATÔNICAS BLUES	21
MELODIAS PENTATÔNICAS BLUES	22
FRASES NA ESCALA DE BLUES	24
ESCALA DE BLUES SEM TERÇA MAIOR	29
SEGUNDAS E SEXTAS	34
VIRADAS BASICAS DE BLUES	35
SEXTAS NO MODO MIXOLÍDIO	36
"COMPS" EM ACORDES DE NONA PARA MÃO DIREITA	38

PARTE 2

LINHAS DE BAIXO BOOGIE	41
"COMP" SINCOPADO PARA MÃO DIREITA	45
"COMP" PARA MÃO DIREITA	46
"WALKING BOOGIE"	48
BAIXO BOOGIE EM ACORDES DE 3 NOTAS	49
"COMPS" EM TERÇAS PARA MÃO DIREITA	50
LINHAS DE BAIXO ESTILO ROCK	54
LINHA DE BAIXO FUNKY	57
LINHA DE BAIXO ESTILO ROCK + "COMP" MÃO DIREITA	58
BLUES ESTILO ROCK	59
BAIXO ESTILO JIMMY YANCEY	63
BLUES NEW ORLEANS	66
TRANSPOSIÇÃO DA ESCALA DE BLUES PARA IV + V	69
TRANSPOSIÇÃO DE ACORDES DE 6TA + 7A	71
BLUES DE 8 COMPASSOS	72
BLUES DE 8 COMPASSOS - ESTILO ROCK	74
FORMAS DE BLUES DE 8 COMPASSOS	75
BLUES DE 8 COMPASSOS LENTO	77
BLUES DE 8 COMPASSOS EM ¾	79
BLUES DE 12 COMPASSOS EM ¾	80

TABLE OF CONTENTS

PART 1

BASIC TWELVE BAR BLUES FORMS	11
BASS LINES	13
RIGHT HAND COMPS	17
BLUES PENTATONIC SCALES	21
PENTATONIC BLUES MELODIES	22
BLUES SCALE PHRASES	24
BLUES SCALE NO MAJOR 3	29
SECONDS AND SIXTHS	34
BASIC BLUES TURNAROUNDS	35
MIXOLYDIAN SIXTHS	36
RIGHT HAND COMPS IN 9TH CHORDS	38

PART 2

BOOGIE BASS LINES	41
SYNCOPATED RIGHT HAND COMP	45
RIGHT HAND COMP	46
"WALKING BOOGIE"	48
BOOGIE BASS IN 3 NOTE CHORDS	49
RIGHT HAND COMPS IN THIRDS	50
ROCK STYLE BASS LINES	54
FUNKY BLUES BASS LINE	57
ROCK STYLE BASS + RIGHT HAND COMP	58
ROCK STYLE BLUES	59
JIMMY YANCEY STYLE BASS	63
NEW ORLEANS BLUES	66
TRANSPOSING BLUES SCALE TO IV + V	69
TRANSPOSING 6TH + 7TH CHORDS	71
8 BAR BLUES	72
8 BAR BLUES - ROCK STYLE	74
8 BAR BLUES FORMS	75
SLOW 8 BAR BLUES	77
8 BAR BLUES in ¾	79
12 BAR BLUES in ¾	80

PREFÁCIO

O blues tem servido como a base e a inspiração para muitos estilos musicais faz mas que um século. Partindo de uma musica rural e acústica para estilos urbanos e elétricos, soube manter a sua essência e identidade intactas. A linguagem do blues evoluiu, porém as formas básicas ainda estão presentes, mesmo quando tratadas com mais requinte harmônico. Este livro pretende servir como referência não somente para pianistas, mas para todos os instrumentistas e vocalistas de blues. Apresentamos estas formas de diversas maneiras - linhas de baixo, acompanhamento, escalas para improvisação, desenvolvimento motívico, diversos estilos rítmicos e melodias simples baseadas nas escalas e formas mais comuns. Embora existem muitas formas, consideramos unicamente as de 12 e 8 compassos. O blues de 12 compassos está privilegiado, sendo de longe a forma mais utilizada.

Tendo em vista que o rock de raiz era baseado principalmente no blues, com um sentimento rítmico mas quadrado, inclui algumas melodias e acompanhamentos no "groove" rock de colcheias iguais para demonstrar a similaridade que sempre existiu entre estes estilos musicais. O jazz tem se servido do blues para construir estruturas harmônicas complexas, porém este livro trata principalmente do blues básico de três acordes - tônica, subdominante e dominante. Harmonias jazzísticas estão utilizadas com parcimônia - algumas nonas e décimo-terceiras estão incluídas, entretanto sem desnaturar o som de blues "roots" (de raiz).

Consideramos vários estilos neste livro. Boogie Woogie, um estilo de blues de alta voltagem baseado sobre figuras repetidas na mão esquerda e "riffs" virtuosísticos na mão direita, gozou de uma popularidade tremenda nos anos 30, e ainda faz sucesso hoje. Estas linhas de baixo se transformaram no o que hoje se chama "Swing" - um estilo dançante de blues atual (não confundir com o "Swing" dos anos 30). Jimmy Yancey, do bairro do South Side em Chicago, desenvolveu um estilo mas sutil com linhas de baixo malandras e uma independência surpreendente das duas mãos que serviram como fonte importante para muitos pianistas de blues e rock. New Orleans sempre teve sua mistura especial de música. Não satisfeito com o seu título do "berço do Jazz", continua a criar novas combinações de blues, jazz, funk, afro-caribbean e rhythm'n blues. Inclui algumas peças com sabor deste centro de energia musical e cultural, tirando o chapéu para o "Fess" - Professor Longhair, cujo estilo denso soma todos esses elementos dispensando etiquetas, mas sem duvida alguma é blues. As formas de 8 compassos estão presentes no fim da segunda parte, alguns com um toque um pouco mas jazz. E para finalizar, alguns blues em 3/4, também com harmonias jazzísticas, estilo que alguns músicos chamam de "Gravy Waltz".

Algumas das melodias e exercícios para mão direita e linhas de baixo são apresentadas em uma clave ou com uma clave vazia para deixar o aluno e/ou professor a vontade para combinar estes "patterns" e melodias de varias maneiras. Em vez de executar as linhas de baixo com acordes ou melodia escrita, cada linha pode ser juntada a diversos acompanhamentos de mão direita do piano (ou melodias no caso de instrumentos melódicos) e/ou servir como base para improvisar, e vice versa. As notas dos acordes nos "comps" (acompanhamentos) podem ser distribuídas entre vários instrumentos de sopros, metais e cordas para servir como "backgrounds" para solos no contexto de um pequeno conjunto. Acredito que este material vai ajudar a esclarecer algumas formas e padrões melódicos do blues, e espero que cada aluno esteja motivado a criar suas próprias musicas a partir dessas formas.

Uma nota sobre a tonalidade de blues se impõe aqui, devido a confusão generalizada sobre a escala de blues. A tonalidade do blues é baseada quase exclusivamente em acordes de sétima de dominante na tônica, subdominante e dominante. A escala de blues completa (1-b3-3-4-b5-5-b7), que defina uma área tônica de sétima dominante, também inclui a terça maior, a terça menor, a quinta diminuta e a quinta perfeita. Subseqüentemente, a escala de blues deve ser considerada como uma área tonal simultaneamente maior e menor. Não podemos transcrever nem anotar a magia das construções melódicas do blues com a escala de blues como está apresentada na maioria esmagadora de livros sobre blues e jazz, ou seja: (1-b3-4-b5-5-b7). Esta escala, sendo menor, defina um acorde tônica de menor com sétima, o que não reflete a cor do acorde de sétima de dominante - a essência da harmonia do blues. Esta escala, que chamo de "escala de blues sem terça maior", serve para improvisar sobre um blues menor (com tônica de acorde menor com sétima). E serve como uma maneira sutil e convincente de marcar a passagem da tônica para a subdominante, transformando frases melódicas e acordes com a terça maior (ou terça maior e menor juntas) sobre a tônica para frases e acordes similares com só a terça menor sobre a subdominante. O uso da escala (1-b3-4-b5-5-b7) sobre a subdominante evita um conflito harmônico potencial entre a terça maior da tônica e a sétima dominante do quarto grau (por exemplo, Mi natural encima do acorde de F7 na tonalidade de C blues). Este Mi natural pode ser utilizado como nota de passagem entre a quarta e a terça menor da tônica em cima de IV7, mais não como nota melódica principal. A escala de blues incompleta pode ser misturada com a escala completa em cima do primeiro e do quinto grau, mas limitar a sua improvisação a escala de blues sem terça maior dá uma ideia bastante pobre do campo melódico do blues. Suponho que esta falta de correspondência concreta com o "objeto musical" que é a soma das melodias de blues seja ligada a uma obediência quase atávica a segregação rigorosa das tonalidades maiores e menores - um dos pilares principais da teoria da música "Clássica" da Europa Ocidental antes do século XX. Tal segregação não existe em muitas culturas musicais - o blues é só um exemplo entre tantos. (conferir: "Algumas Reflexões sobre a Tonalidade, do meu livro Harmonia da Musica Popular, Vol. II - Cadências e Sequências Harmônicas).

A escala pentatônica de blues tem varias versões, porém a nossa, (1 - b3 - 4 - 5 - b7), corresponde melhor a essa cor tão comum nas melodias de blues. Esta escala, evidência da herança africana no blues, serve como um excelente ponto de partida para músicos começando a improvisar no blues básico, porque nenhuma das notas cria conflito com os três acordes de sétima de dominante I, IV e V.

A segunda maior e a sexta maior podem ser utilizadas no improviso de blues, muitas vezes como notas de passagem entre terça menor e a tônica e a sétima dominante e a quinta perfeita, ou como notas ornamentais ao redor da tônica. Eu deixo essas notas fora da escala de blues completa, para evitar que começa parecer com a escala cromática.

PREFACE

The blues has served as a foundation and inspiration for many styles of music for over a century. Born from a rural-based acoustic music and developing into sophisticated urban and electric styles, it has kept its core sound and identity intact. The language of the blues has evolved, but the basic forms are still there, even when treated with more harmonic sophistication. This book is meant to serve as a resource for not only pianists but all musicians in small blues combos by presenting these forms from various angles - bass lines, comping, scales for improvisation, motivic development, different rhythmic feels, and simple melodies based on the most common scales and forms. Although there are many different form-lengths, we have limited ourselves to 12 and 8 bar blues. The 12 bar blues is emphasized, as it is by far the most widely used. Since early rock and roll was based largely on blues forms with a squared-off rhythmic feel, I have included some pieces and comps in the basic straight eighth note rock feel to show the close relationship which has always existed between these musical styles. Jazz musicians have long used the blues as a base for complex harmonic structures, but this book will consider mainly the basic three-chord blues using tonic, subdominant, and dominant. Jazz harmonies are introduced sparingly - a few 9th and 13th chords are thrown in, but nothing that would take away from the "roots" blues sound.

Boogie Woogie, a high energy blues style based on repetitive left-hand figures and often virtuostic right hand licks, enjoyed a tremendous vogue in the 1930's and continues to be popular. These bass lines evolved into what is now referred to as "Swing" (a dance-oriented blues-based style not to be confused with the "Swing" style of the 1930's). Jimmy Yancey, from Chicago's South Side, had a less showy style but his tricky left hand lines and sometimes startling two-hand independence became a prime source for many blues and rock pianists. New Orleans has always had a special blend of music. Not satisfied with having been the birthplace of jazz, it continues to generate new combinations of blues, jazz, funk, afro-caribbean, and rhythm 'n blues, so I have included a few pieces which give a little of the flavor of this cultural energy center (I tip my hat a few times to the "Fess" - Professor Longhair, whose dense style combining all of the above elements defies category but is definitely blues). Eight bar forms are presented at the end of the second part, some with a little jazz harmony thrown in. To round out the book, a few blues in 3/4 meter with a touch of jazz, a style sometimes called "Gravy Waltz".

Some of the right hand melodies and exercises and left hand patterns have been presented on a single clef or with an empty clef to leave the student and/or teacher free to combine these patterns and melodies in various ways. Rather than playing with a written right hand (or melodic part - in the case of a single note instrument), each bass line can be combined with different right hand comps and melodies and/or used as a base for improvising, and vice-versa. The notes in the 2 and 3 note comps can be distributed between different reed, brass, and string instruments and used as backgrounds for solos and/or arrangements in a small blues combo context. I believe this material will help clarify some of the basic forms and melodic patterns of the blues and hopefully lead students to compose original pieces on these forms.

A few reflections on blues tonality are necessary here, due to widespread misconceptions about the blues scale. Blues tonality is based almost exclusively on dominant seventh chords on the tonic, subdominant, and dominant. The complete blues scale, 1-b3-3-4-b5-5-b7, defines a tonal area with a dominant seventh chord but also includes major and minor thirds. Subsequently, the blues scale must be considered a tonal area that is both major and minor. It is impossible to transcribe or notate the magic of blues melodic construction with the blues scale as presented in the overwhelming majority of books on blues and jazz: 1 - b3 - 4 - b5 - 5 - b7. This scale, since it is minor, defines a minor seventh tonic chord, which does not correspond to the chord quality of a dominant seventh - the essence of blues harmony. This 6-note minor scale, which I call "blues scale without major third", is useful for improvising on a minor blues, which has a minor seventh as tonic chord. And it is a subtle and effective way to mark the transition from the tonic to the subdominant, by transforming melodic phrases and chords with a major third (or with major and minor thirds together) over the tonic into phrases with only the minor third (of the tonic) over the subdominant. Using 1 - b3 - 4 - b5 - 5 - b7 over the subdominant avoids a potential harmonic conflict between major third of the tonic and the dominant seventh of the fourth degree (for example, E natural over an F7 chord in the key of C). This E natural can be used as a passing tone between the fourth and the minor third of the tonic over IV7, but not as a primary melody tone. The blues scale without major third can be mixed with the complete blues scale over the first and fifth degrees, but restricting your improvisation to the blues scale without major third gives a very poor idea of the blues melodic field. I imagine that this lack of correlation between this incomplete blues scale and the "musical object" which is the tradition of blues melodies and improvisations is due to an almost atavistic allegiance to the rigorous separation of major and minor tonalities, one of the main pillars of pre-twentieth century "Classical" music theory in Western Europe. This separation does not exist in many musical cultures - the blues is only one example among many. (cf. "Some Thoughts on Tonality", from my book "Popular Music Harmony - Vol. 2 - Cadences and Harmonic Sequences").

The pentatonic blues scales has many different version, but our reading, 1 - b3 - 4 - 5 - b7, best reflects this widespread color in blues melodies. This scale, which points to the African ancestry of the blues, serves a great jumping off point for musicians beginning to improvise on basic blues forms, because none of the notes create conflict with the three dominant seventh chords on I, IV and V.

The major second and major sixth can also be used in blues improvisation, often as passing tones between the minor third and tonic and the dominant seventh and perfect fifth, or as ornaments around the tonic. These notes are left out of the complete blues scale to avoid making it sound like a chromatic scale.

PEQUENA DISCOGRAFIA DE BLUES - SHORT BLUES DISCOGRAPHY

COLETÂNEAS/COLLECTIONS

Blues Masters Vol. 2 - Postwar Chicago Blues (Rhino)
Blues Masters Vol. 8 - Mississippi Delta Blues (Rhino)
Blues Masters Vol. 4 - Harmonica Classics (Rhino)
Blues Gold (Hip O/Universal - 2 CDs)
Essential Blues Piano (House of Blues - 2 CDs)
The Slide Guitar - Bottles, Knives & Steel (Columbia)
Memphis Swamp Jam (Blue Thumb)
Chicago - The Blues Today (Vanguard - 3 CD's)
Chicago Blues Festival (Blues Music)
Blues 88's
The Anthology of Boogie Woogie Piano

ARTISTAS INDIVIDUAIS/INDIVIDUAL ARTISTS

Ferdinand "Jelly Roll" Morton - Library of Congress Recordings
Robert Johnson - The Complete Recordings
Bessie Smith - The Complete Recordings Vol. 1
Mississippi John Hurt - 1928 Sessions
Reverend Gary Davis - Harlem Street Singer
Blind Lemon Jefferson - King of the Country Blues
Charley Patton - The Complete Recordings
Son House - Father of the Delta Blues
Blind Lemon Jefferson - King of the Country Blues
Charley Patton - The Complete Recordings
Louis Armstrong - West End Blues
Professor Longhair - New Orleans Piano
Jimmy Yancey - Chicago Piano
Muddy Waters - Live at Newport 1960, The Chess Box
Otis Spann - Is the Blues, Walking the Blues
Jimi Hendrix - Blues
Albert King - Born Under a Bad Sign
Eric Clapton - Sessions for Robert J
Magic Sam - Westside Soul
Blues Masters - The Very Best of Jimmy Reed
Lightnin' Hopkins - The Complete Prestige/Bluesville Recordings
T-Bone Walker - The Complete Imperial Recordings
Otis Rush - Cobra Recordings 1956 - 1958
Buddy Guy and Junior Wells - Play the Blues
Junior Wells - Hoodoo Man
Etta James - The Chess Box
Sonny Boy Williamson (II) - One Way Out
Allman Brothers Band - At Fillmore East
James Booker - New Orleans Piano Wizard
Little Walter - The Essential Little Walter
The Paul Butterfield Blues Band
R. L. Burnside - Too Bad Jim
Robert Cray - Strong Persuader
B.B. King - Live at the Regal
Howlin' Wolf - Moanin' in the Moonlight
Elmore James - The Sky is Crying
Stevie Ray Vaughn - Texas Flood
Johnny Winter - Progressive Blues Experiment
Big Mama Thornton - Ball'n Chain
John Mayall - The Blues Breakers with Eric Clapton
Pete Johnson, Meade Lux Lewis, Albert Ammons - Giants of Boogie Woogie
Sunnyland Slim - Chicago Blues Session
Freddie King - Hide Away: The Best of Freddie King

www.jeffgardner.com.br

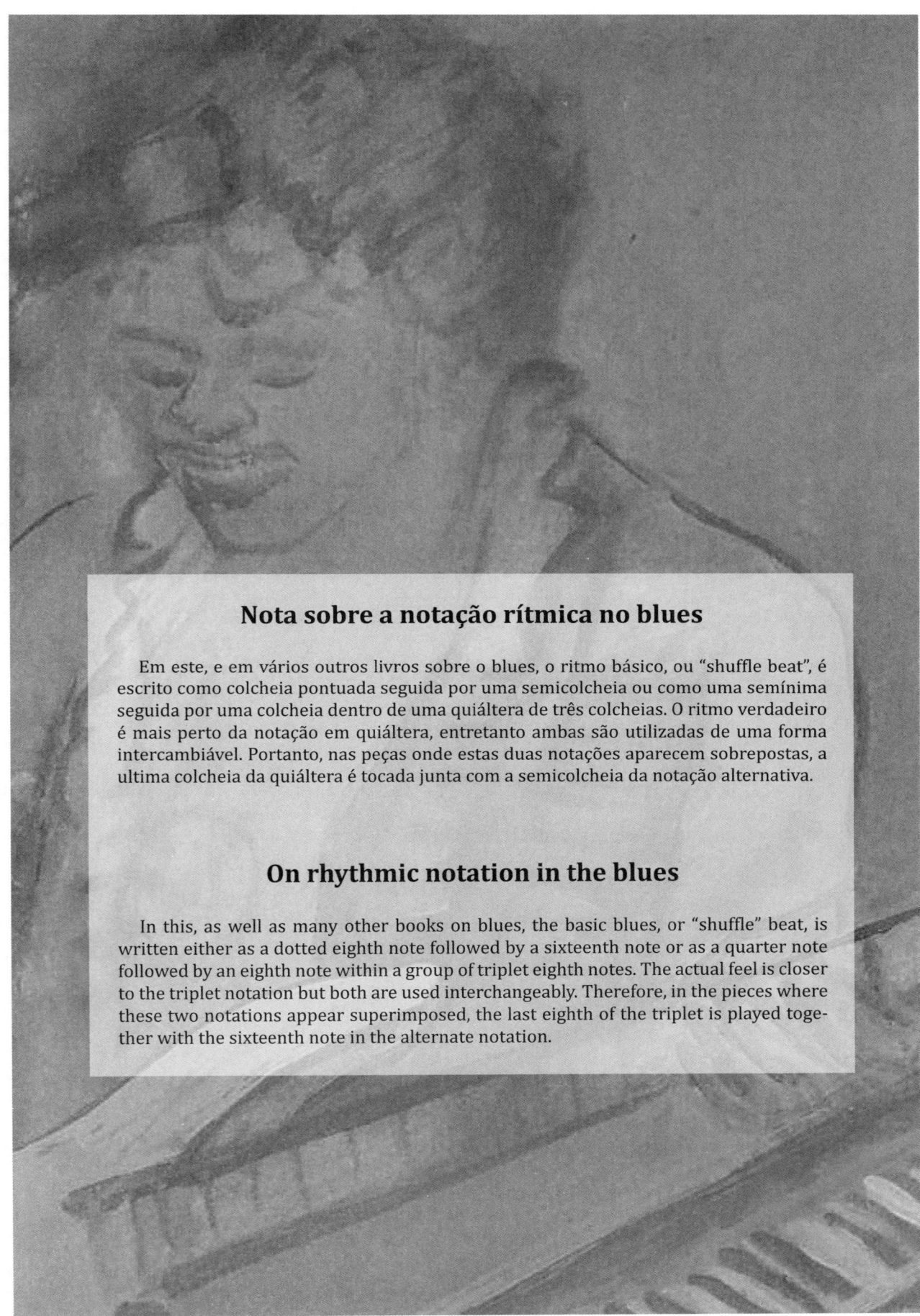

Nota sobre a notação rítmica no blues

Em este, e em vários outros livros sobre o blues, o ritmo básico, ou "shuffle beat", é escrito como colcheia pontuada seguida por uma semicolcheia ou como uma semínima seguida por uma colcheia dentro de uma quiáltera de três colcheias. O ritmo verdadeiro é mais perto da notação em quiáltera, entretanto ambas são utilizadas de uma forma intercambiável. Portanto, nas peças onde estas duas notações aparecem sobrepostas, a ultima colcheia da quiáltera é tocada junta com a semicolcheia da notação alternativa.

On rhythmic notation in the blues

In this, as well as many other books on blues, the basic blues, or "shuffle" beat, is written either as a dotted eighth note followed by a sixteenth note or as a quarter note followed by an eighth note within a group of triplet eighth notes. The actual feel is closer to the triplet notation but both are used interchangeably. Therefore, in the pieces where these two notations appear superimposed, the last eighth of the triplet is played together with the sixteenth note in the alternate notation.

JEFF GARDNER BLUES WORKSHOP – PART 1

BASIC TWELVE BAR BLUES FORM A

BASIC TWELVE BAR BLUES FORM C

BASIC TWELVE BAR BLUES FORM D

BLUES IN G - BASS LINE NO. 1 - FORM A

BLUES IN G - BASS LINE NO. 1 - FORM B

BLUES IN G - BASS LINE NO. 2 - FORM A

BLUES IN G - BASS LINE NO. 2 - FORM B

BLUES IN G - BASS LINE NO. 3 - FORM A

BLUES IN G - BASS LINE NO. 3 - FORM B

BLUES IN G - BASS LINE NO. 4 - FORM A

BLUES IN G - BASS LINE NO. 4 - FORM B

BLUES IN F - BASS LINE NO. 4 - FORM A

BLUES IN G - RIGHT HAND COMP NO. 1 - FORM A

BLUES IN G - RIGHT HAND COMP NO. 2 - FORM A

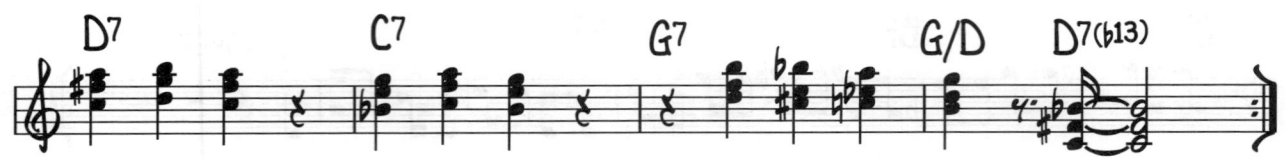

BLUES IN G - RIGHT HAND COMP NO. 3 - FORM A

BLUES IN G - RIGHT HAND COMP NO. 4 - FORM A

BLUES IN G - RIGHT HAND COMP NO. 5 - FORM B

BLUES IN G - RIGHT HAND COMP NO. 6 - FORM C

C BLUES PENTATONIC

G BLUES PENTATONIC

F BLUES PENTATONIC

E BLUES PENTATONIC

A BLUES PENTATONIC

B FLAT BLUES PENTATONIC

PENTATONIC BLUES MELODY - KEY OF G

PENTATONIC BLUES MELODY - KEY OF C

PENTATONIC BLUES MELODY - KEY OF A

PENTATONIC BLUES MELODY - KEY OF E

BLUES SCALE - KEY OF G

PHRASES - G BLUES SCALE

BLUES SCALE - KEY OF C

PHRASES - C BLUES SCALE

BLUES SCALE - KEY OF E

PHRASES - E BLUES SCALE

BLUES SCALE - KEY OF F

PHRASES - F BLUES SCALE

BLUES SCALE - KEY OF B FLAT

PHRASES - B FLAT BLUES SCALE

BLUES SCALE NO MAJOR 3 - KEY OF G

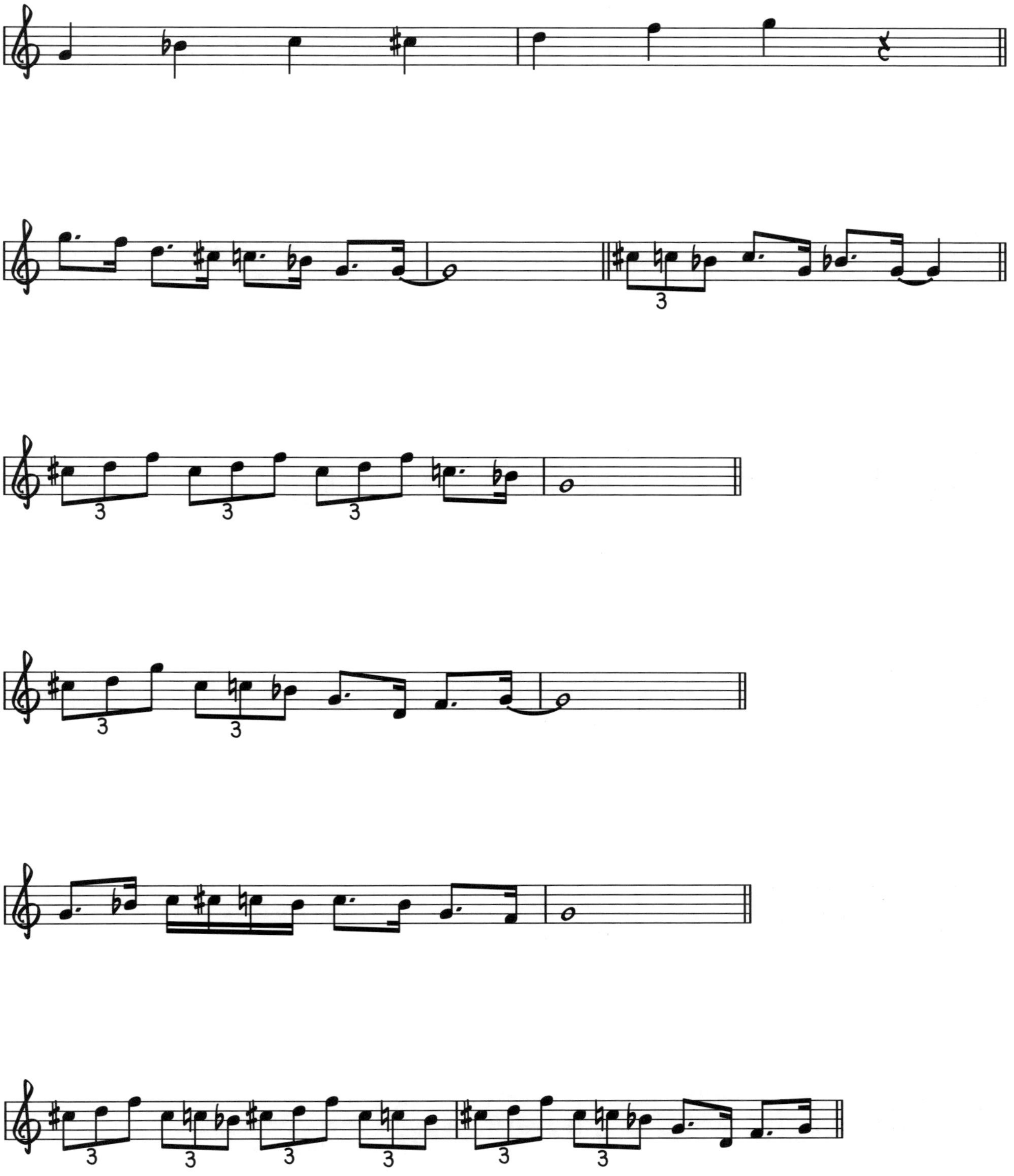

BLUES SCALE NO MAJOR 3 - KEY OF C

BLUES SCALE NO MAJOR 3 - KEY OF E

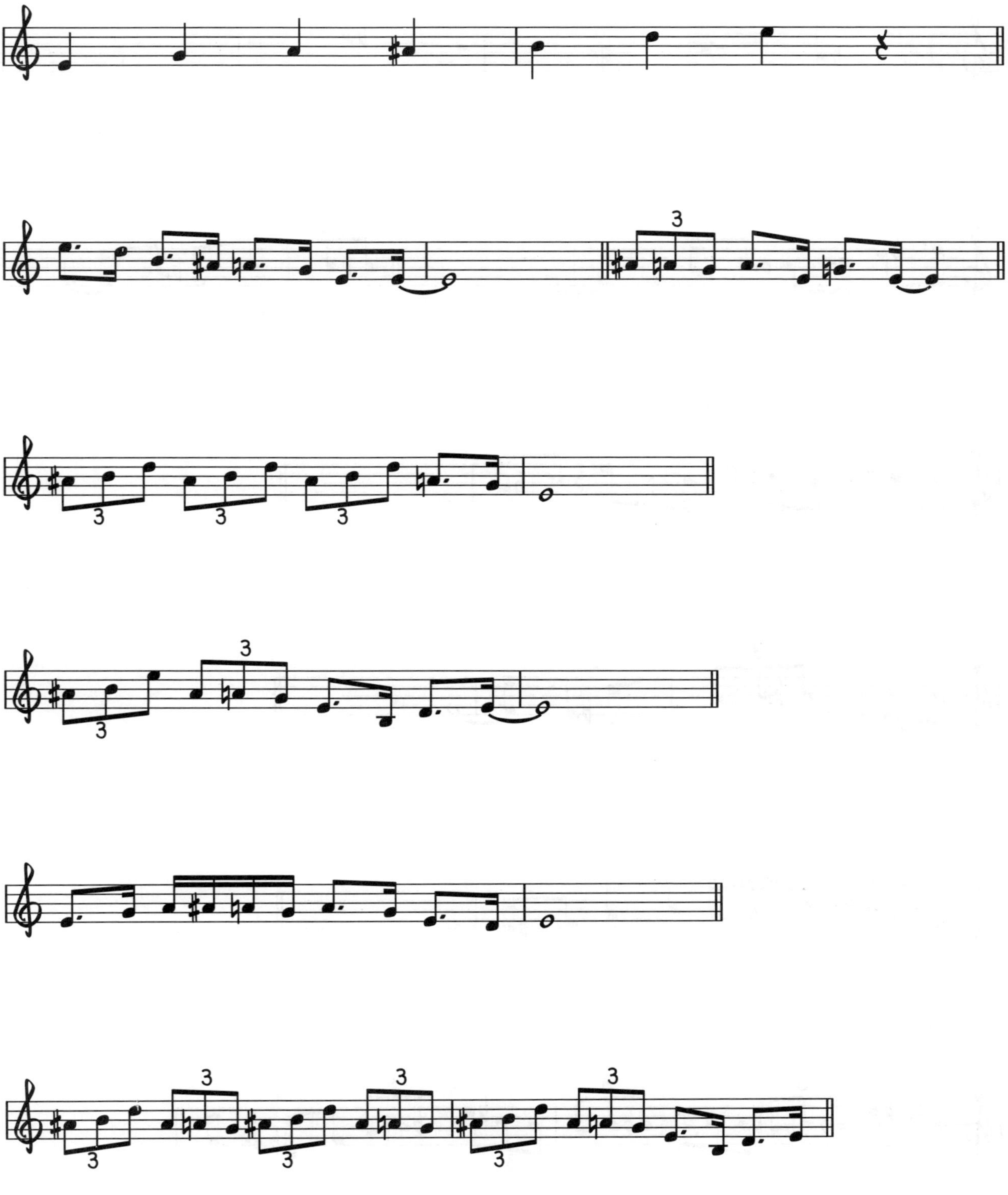

BLUES SCALE NO MAJOR 3 - KEY OF F

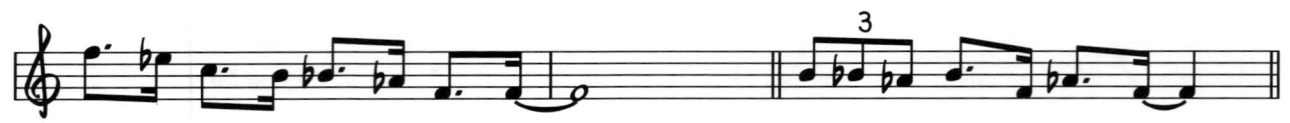

BLUES SCALE NO MAJOR 3 - KEY OF B FLAT

2NDS AND 6THS - C BLUES - FORM A

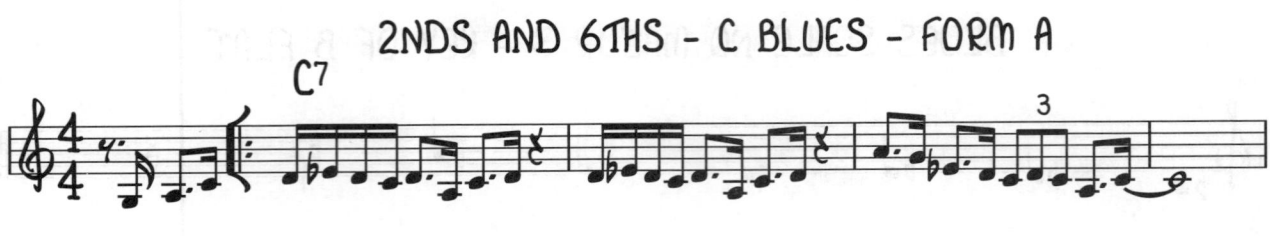

2NDS AND 6THS - G BLUES - FORM C

BASIC BLUES TURNAROUNDS - KEY OF G (BARS 11 + 12)

LEFT HAND TURNAROUND (USE WITH ANY OF THE ABOVE RIGHT HANDS)

THIS TURNAROUND REPLACES BARS 11 AND 12 OF ANY BASS LINE ON FORMS A AND B

UTILIZAR COM QUALQUER MAO DIREITA ACIMA - SUBSTITUA COMPASSOS 11 E 12 DE QUALQUER LINHA DE BAIXO NAS FORMAS A E B

MIXOLYDIAN 6THS - C BLUES - FORM A

ARPEGGIATED MIXOLYDIAN 6THS - C BLUES - FORM A

ARPEGGIATED 6THS - C BLUES - FORM B

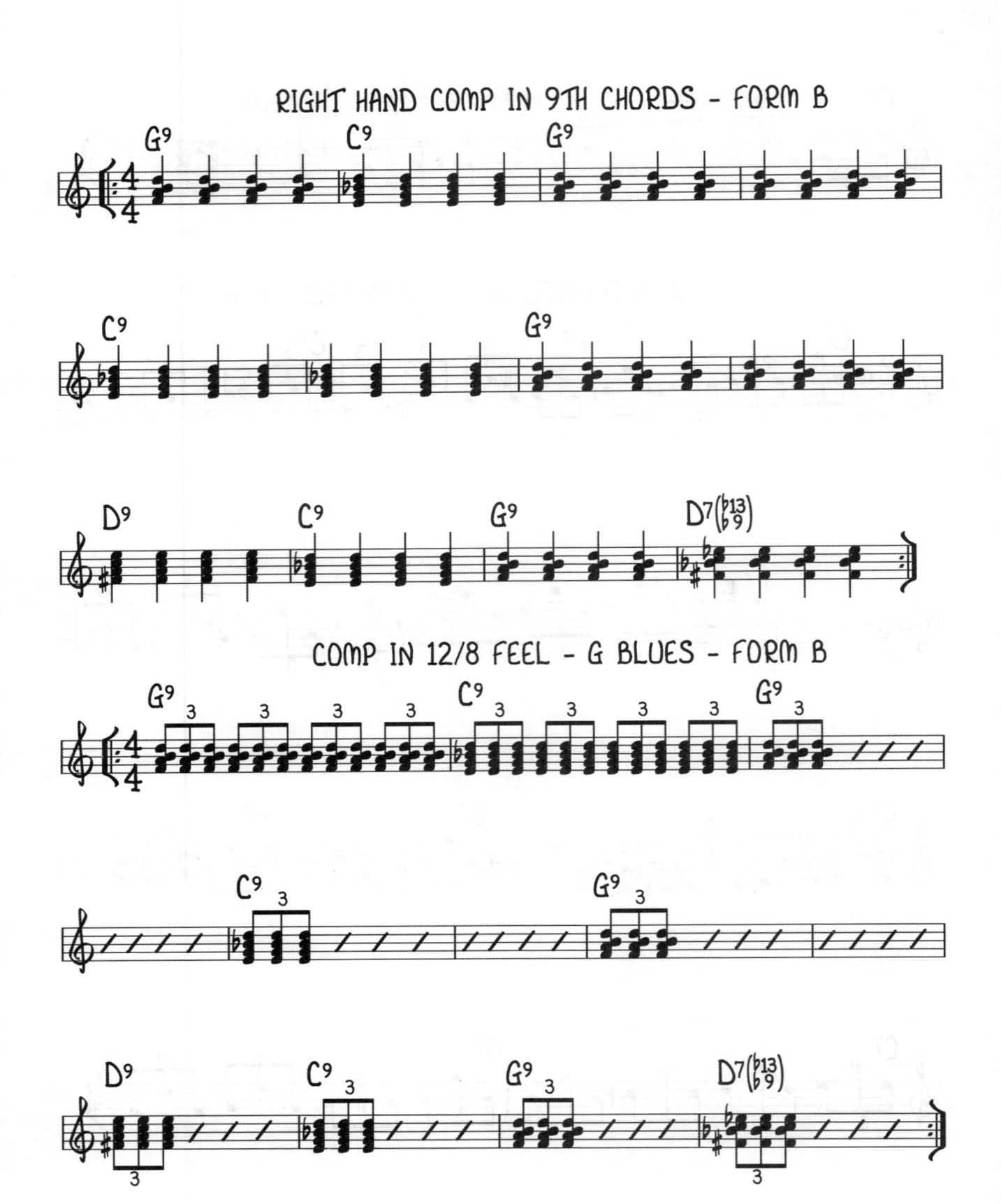

RIGHT HAND COMP IN 9TH CHORDS - FORM B

COMP IN 12/8 FEEL - G BLUES - FORM B

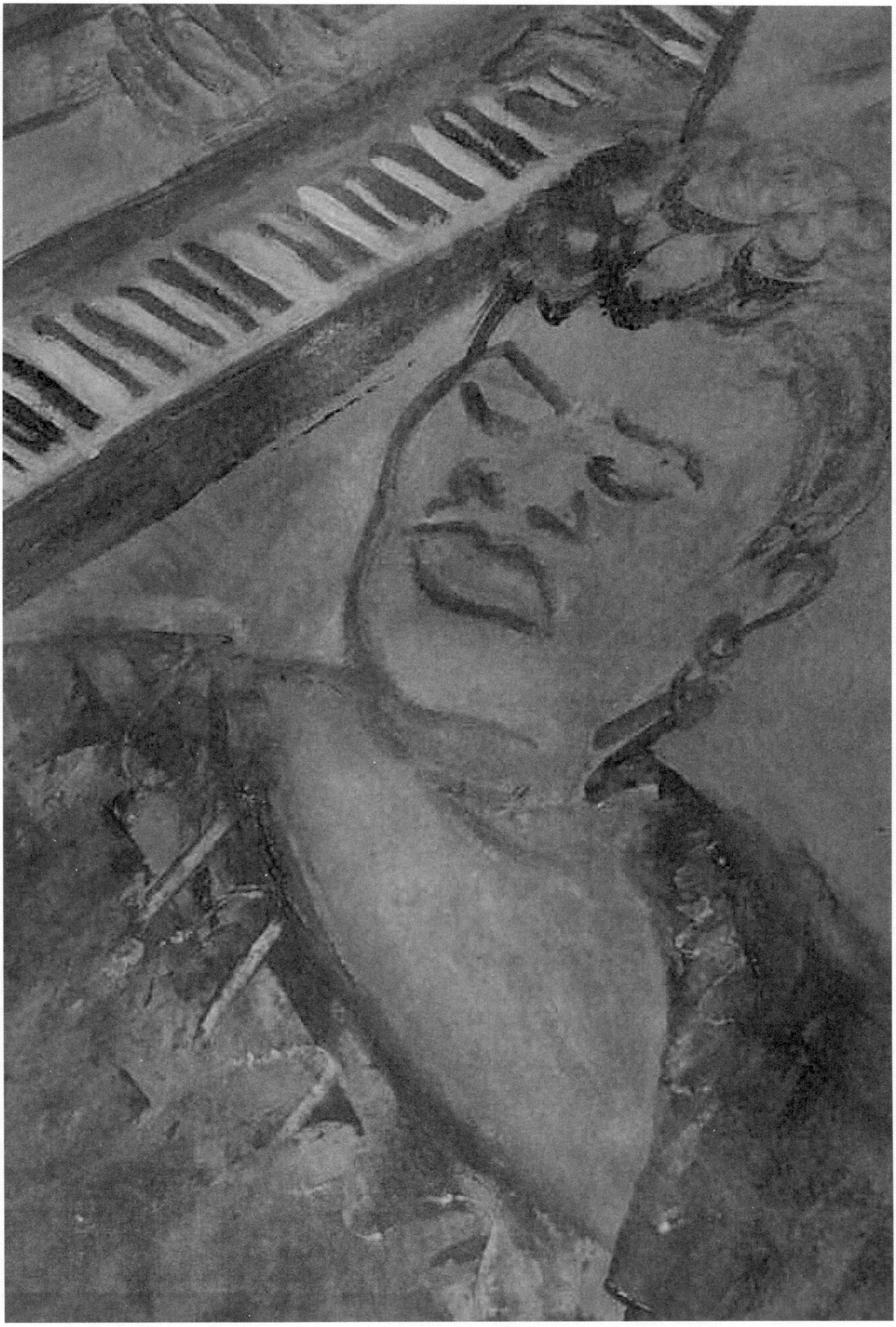

JEFF GARDNER BLUES WORKSHOP – PART 2

BOOGIE BASS NO. 1 – BLUES IN G – FORM A

BOOGIE BASS NO. 1 - BLUES IN F - FORM B

BOOGIE BASS NO. 2 - BLUES IN C - FORM A

BOOGIE BASS NO. 2 - BLUES IN C - FORM B WITH II V/ I

SYNCOPATED RIGHT HAND COMP - BLUES IN C - FORM A

RIGHT HAND COMP 2 - TRIPLE NOTES - IN G - FORM A

RIGHT HAND COMP - BLUES IN C - FORM B WITH II V/I

"WALKING BOOGIE" - BLUES IN C - FORM B WITH III VI / II V/I

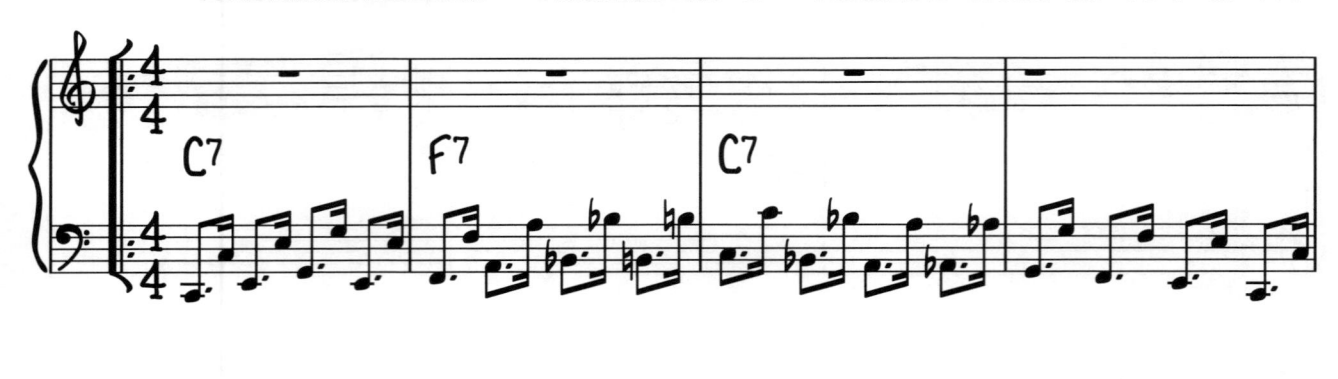

BOOGIE BASS NO. 3 IN 3 NOTE CHORDS - IN G - FORM A

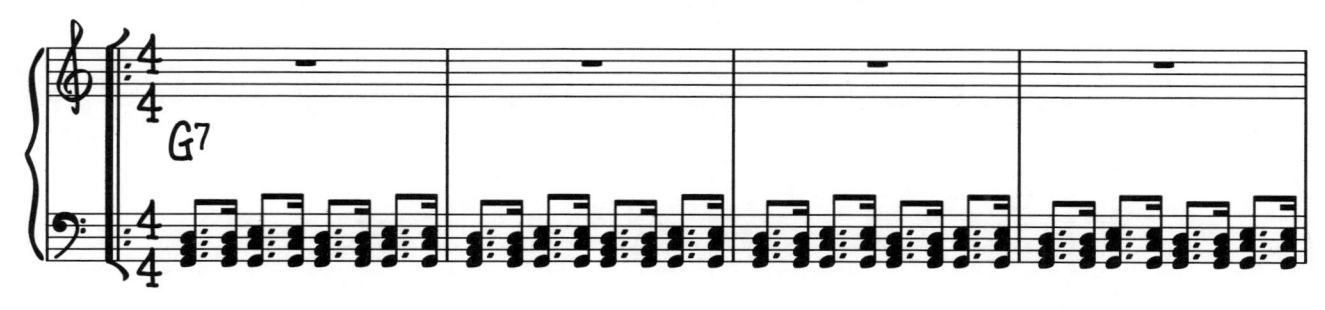

RIGHT HAND COMP IN THIRDS - BLUES IN G - FORM A

RIGHT HAND COMP IN THIRDS - BLUES IN C - FORM A

RIGHT HAND COMP IN THIRDS - BLUES IN B FLAT - FORM B

RIGHT HAND COMP - BLUES IN C - FORM A

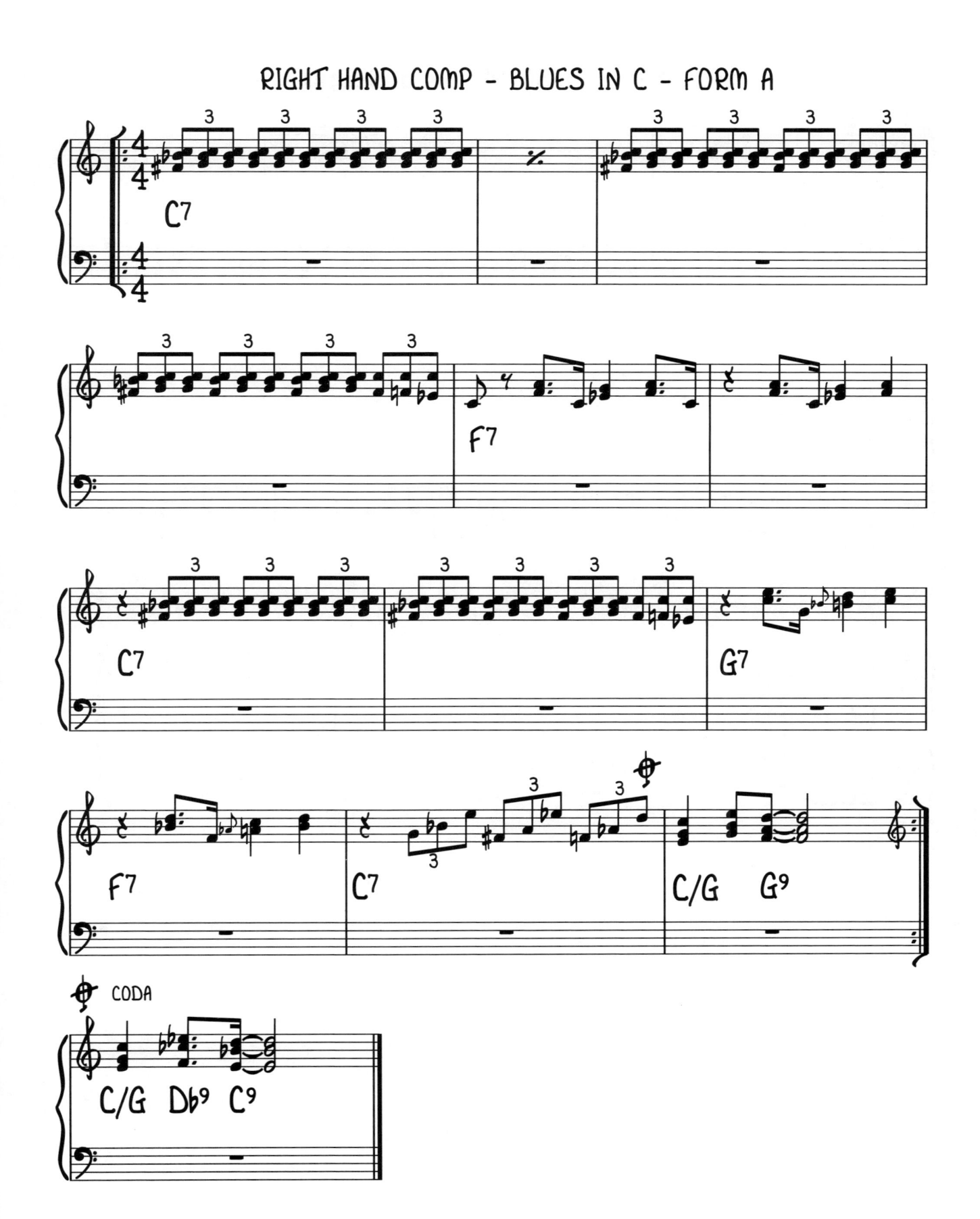

ROCK STYLE BASS NO. 1 - BLUES IN F - FORM C

ROCK STYLE BASS NO. 2 - BLUES IN G - FORM C

ROCK STYLE BASS NO. 3 - BLUES IN G - FORM C

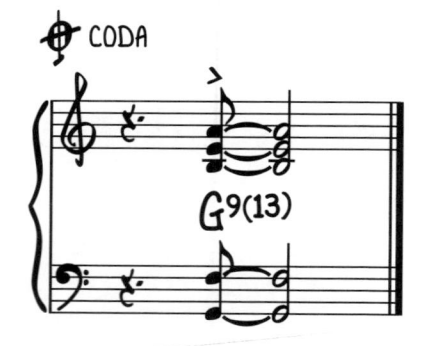

FUNKY BLUES BASS LINE NO. 1 - IN G - FORM C

ROCK STYLE BASS LINE NO. 1 + RIGHT HAND COMP IN F - FORM C

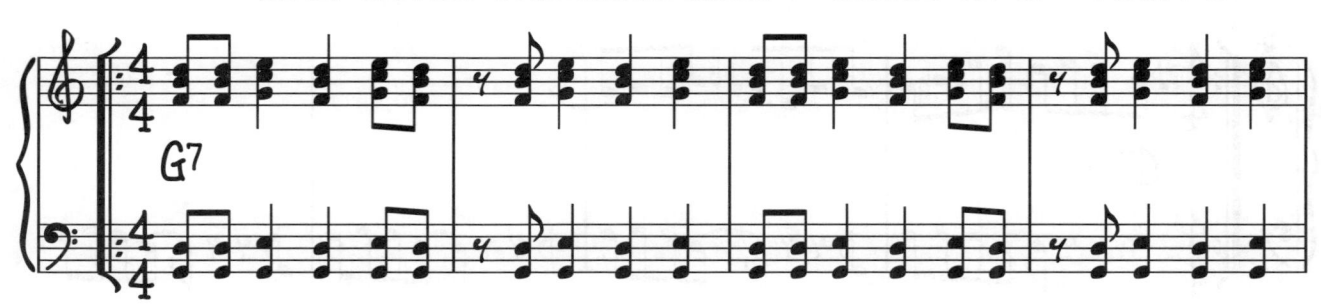

ROCK STYLE TWO-HAND COMP - BLUES IN G - FORM A

ROCK STYLE BLUES IN G - FORM A

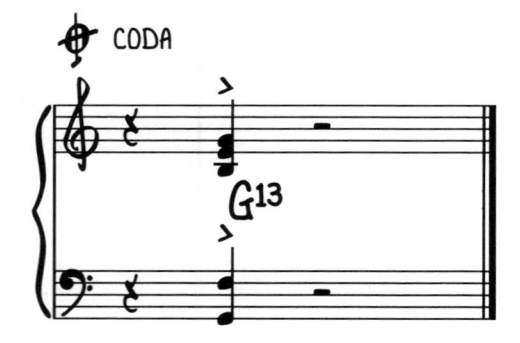

ROCK STYLE BLUES IN C - TWO-HAND COMP - FORM B

JIMMY YANCEY STYLE BASS LINE NO. 1 IN G - FORM C

JIMMY YANCEY STYLE BASS LINE NO. 2 IN C - FORM C

JIMMY YANCEY STYLE BASS LINE NO. 3 IN F – FORM D

JIMMY YANCEY STYLE BASS LINE NO. 4 IN C - FORM D

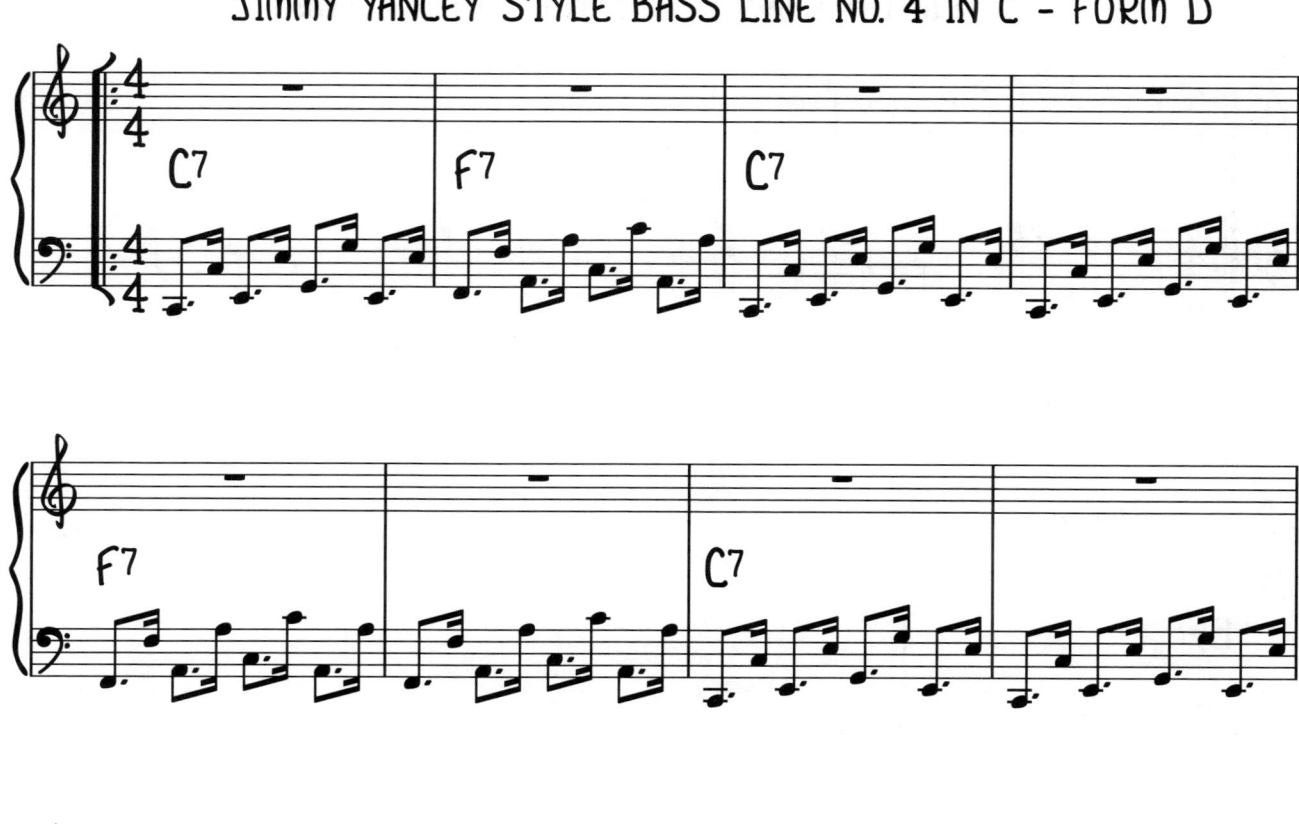

NEW ORLEANS BLUES NO. 1 IN F - FORM C

NEW ORLEANS BLUES NO. 2 IN G - FORM C

NEW ORLEANS BLUES NO. 2 IN G - FORM C (LEADSHEET)

TRANSPOSING BLUES SCALE TO IV + V - IN F - FORM B

TRANSPOSING BLUES SCALE TO IV + V - IN C - FORM B

TRANSPOSING 6TH + 7TH CHORDS TO IV + V - IN G - FORM C

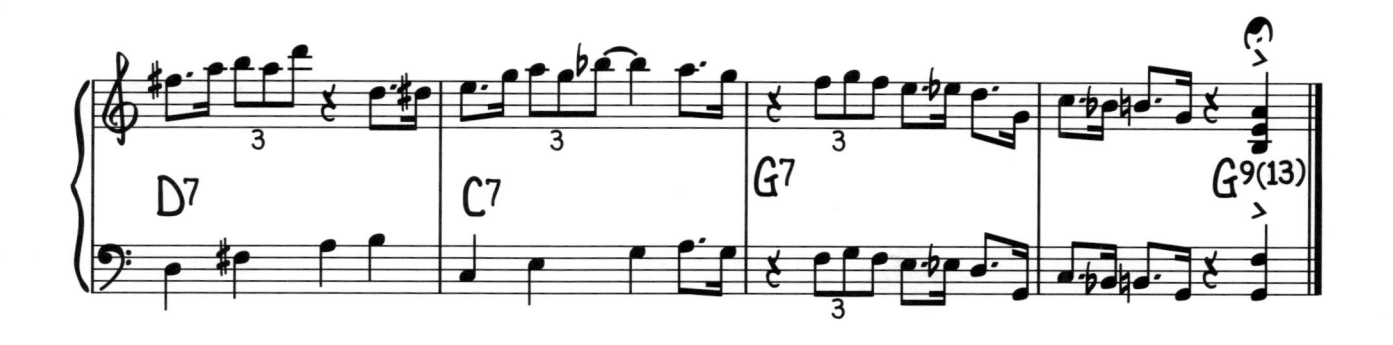

FUNKY 8 BAR BLUES NO. 1 IN C

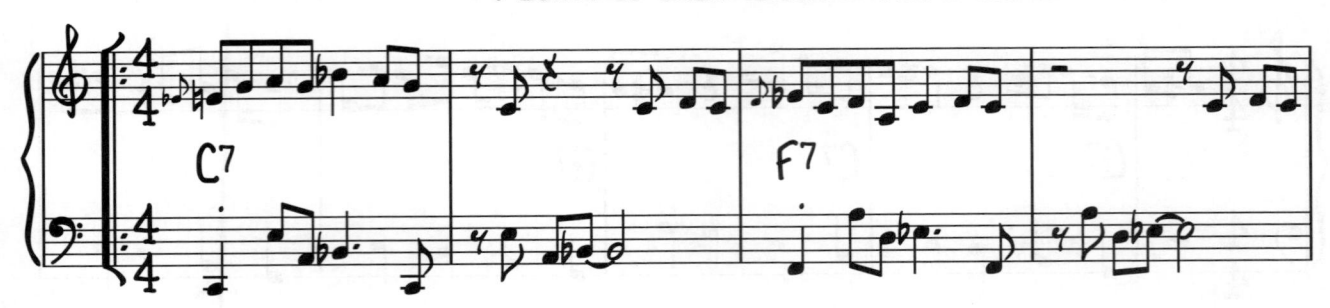

FUNKY 8 BAR BLUES NO. 2 IN F

ROCK STYLE 8 BAR BLUES IN G

8 BAR BLUES FORMS

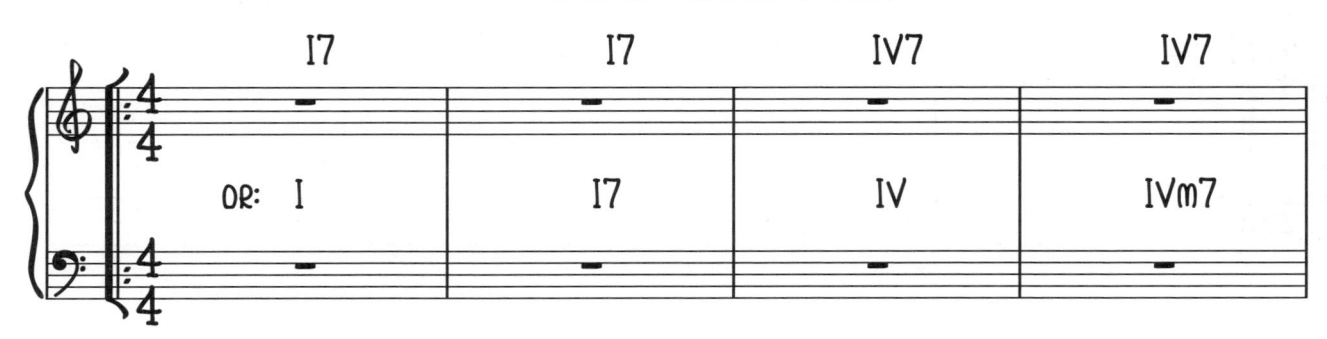

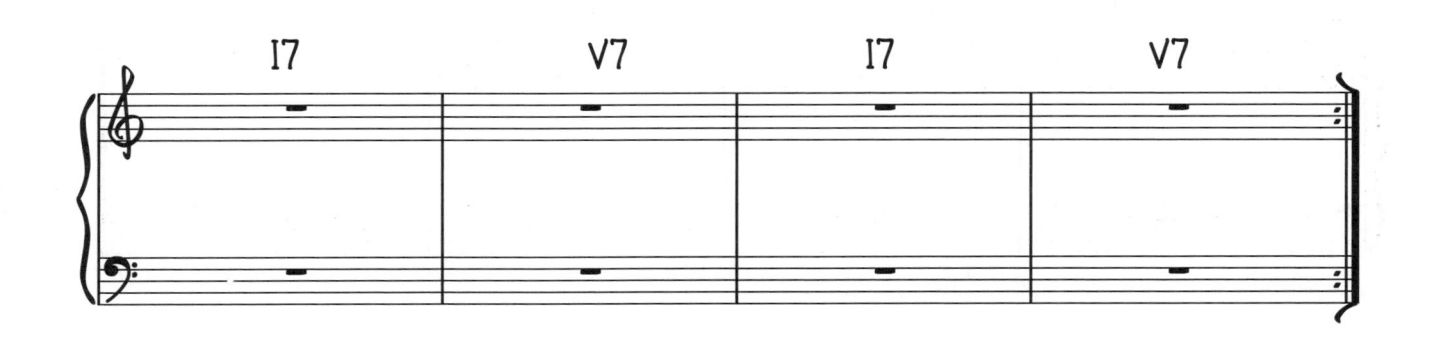

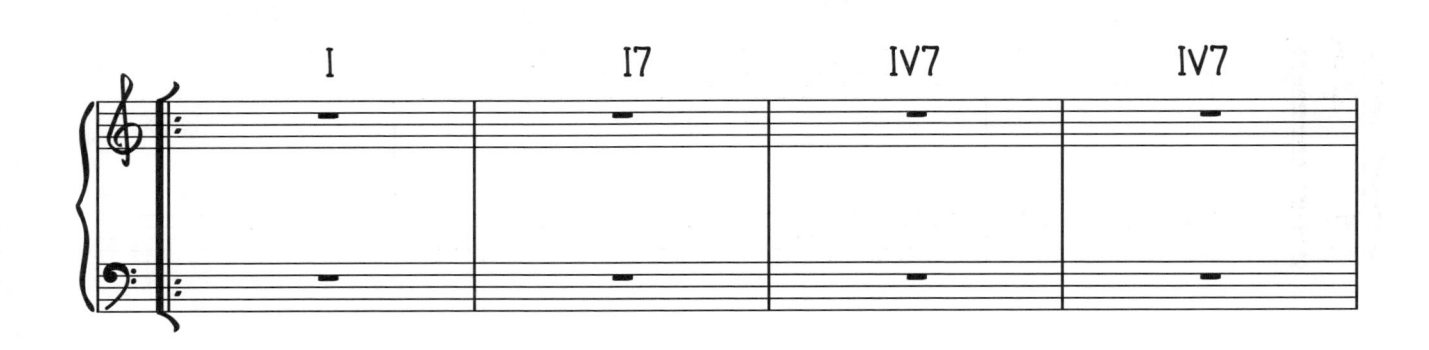

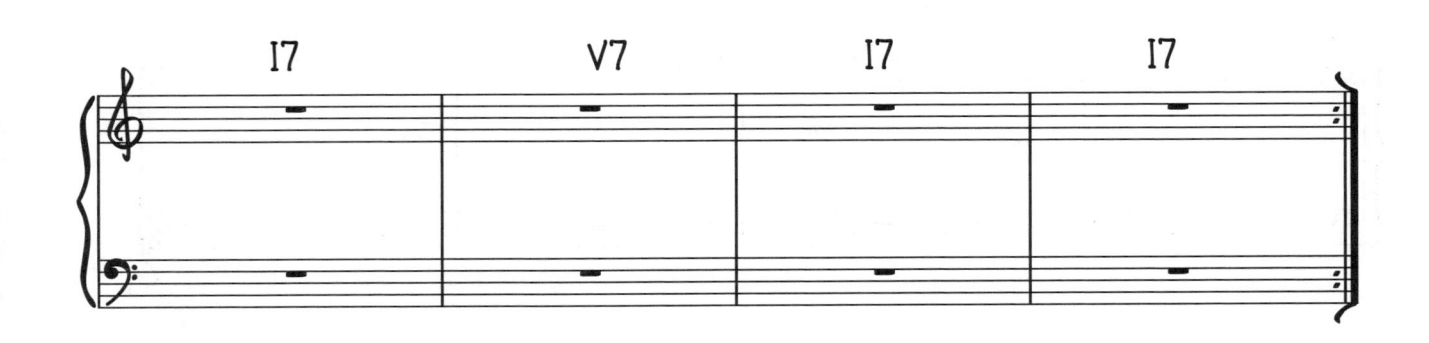

I7	I7	IV7	IV7
or: I	I7	IV	IVm7

I7	V7	I7	V7

I	I7	IV7	IV7

I7	V7	I7	I7

| I7 | I7 | IV7 | #IVdim7 |

| I7/V VI7 | IIm7 V7 | I7 | V7 |

| I7 | I7 | IV7 | #IVdim7 |

| I7 VI7 | IIm7 V7 | I7 | I7 |

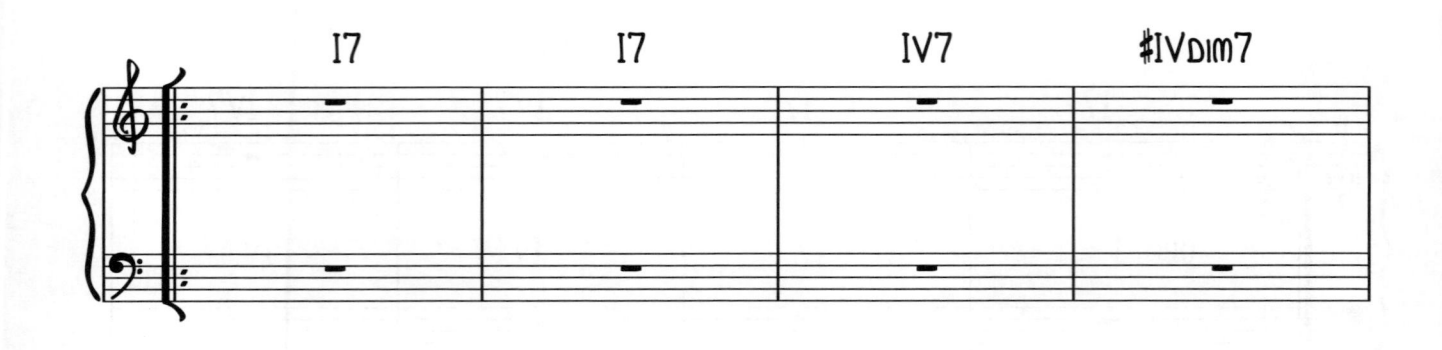

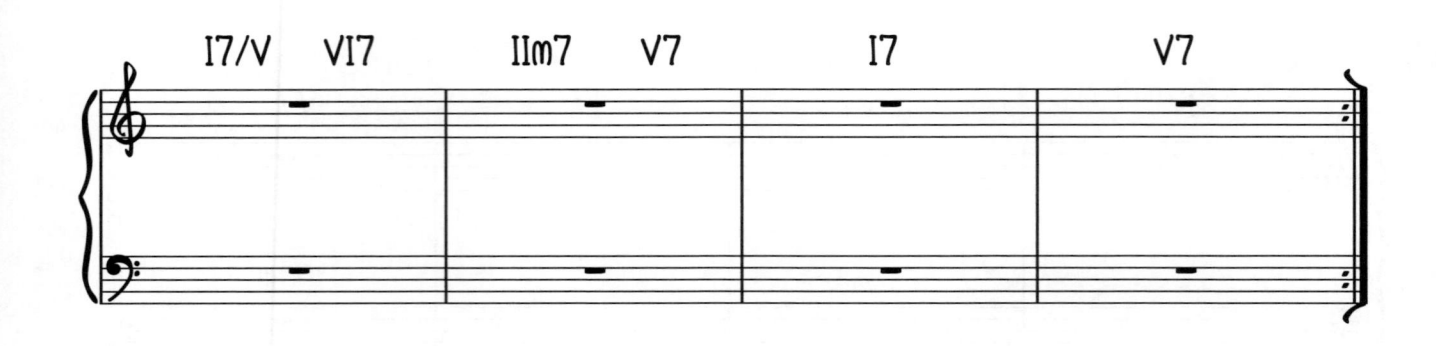

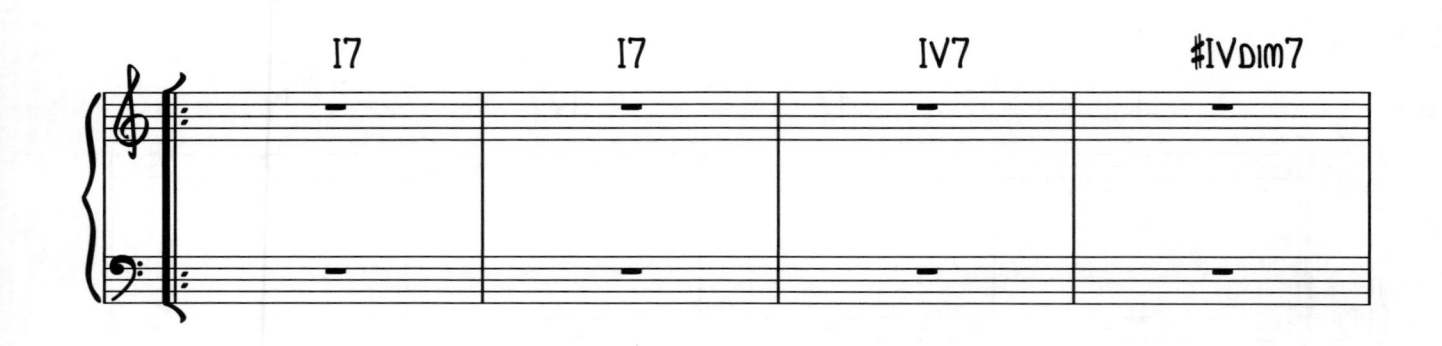

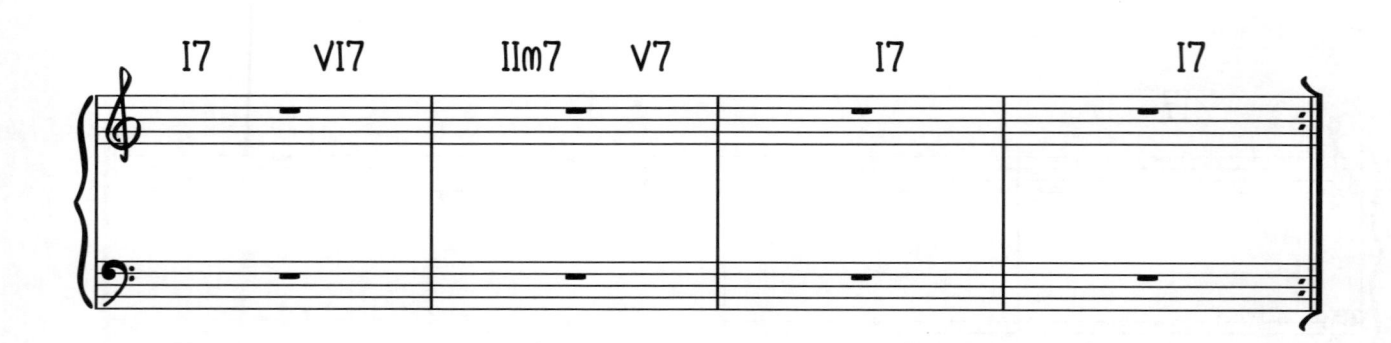

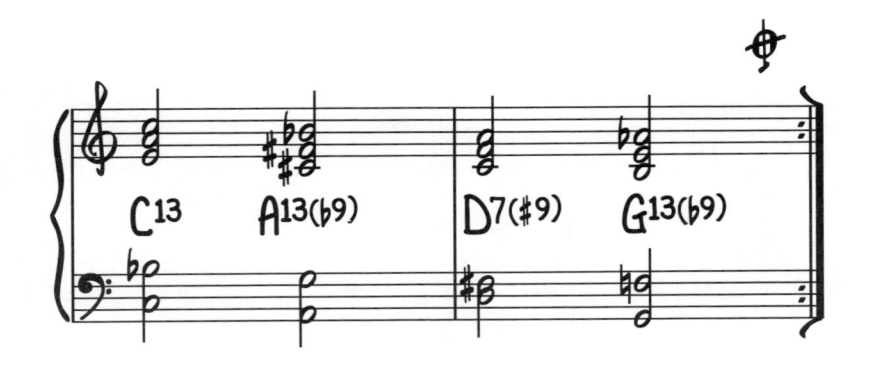

SLOW 8 BAR BLUES IN C

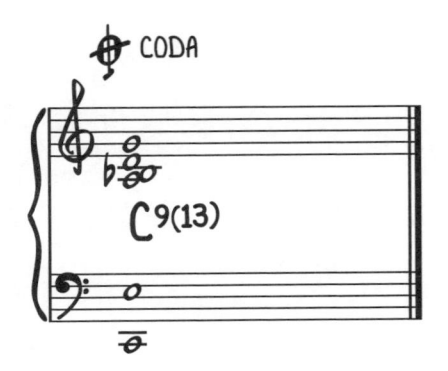

SLOW 8 BAR BLUES IN C (LEADSHEET)

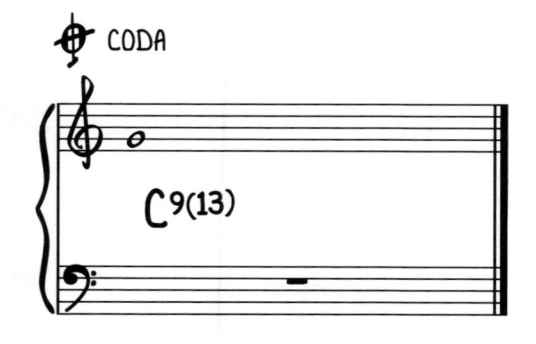

8 BAR BLUES IN 3/4 IN C

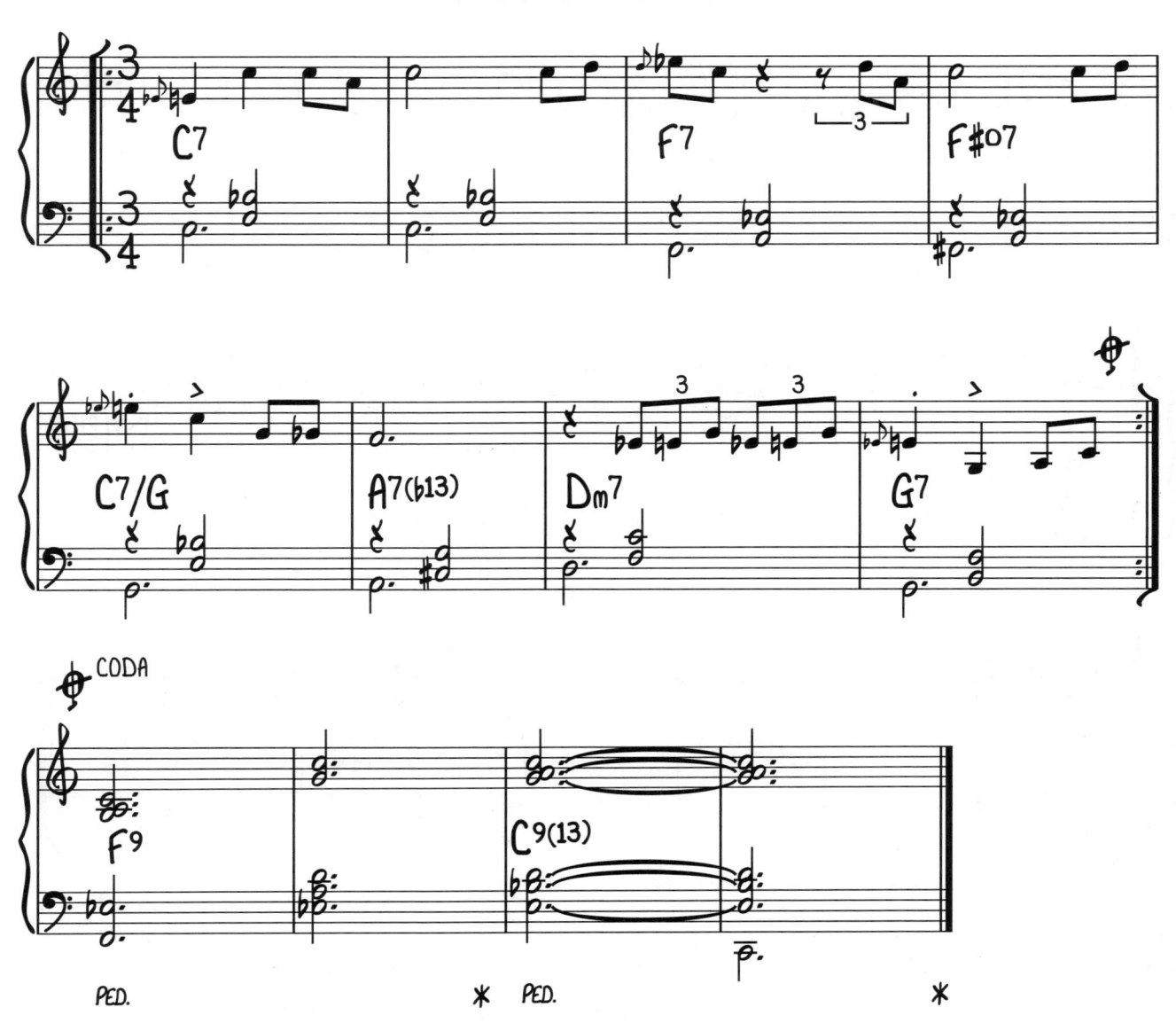

12 BAR BLUES IN 3/4 IN F

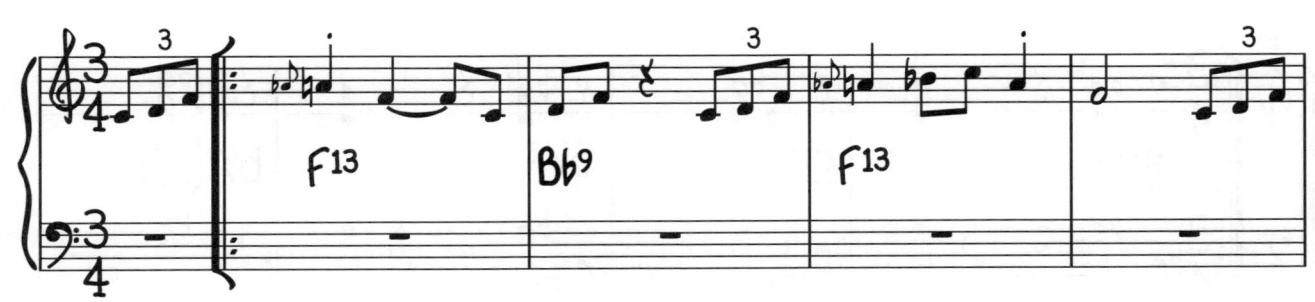

12 BAR BLUES in 3/4 in F (LEADSHEET)

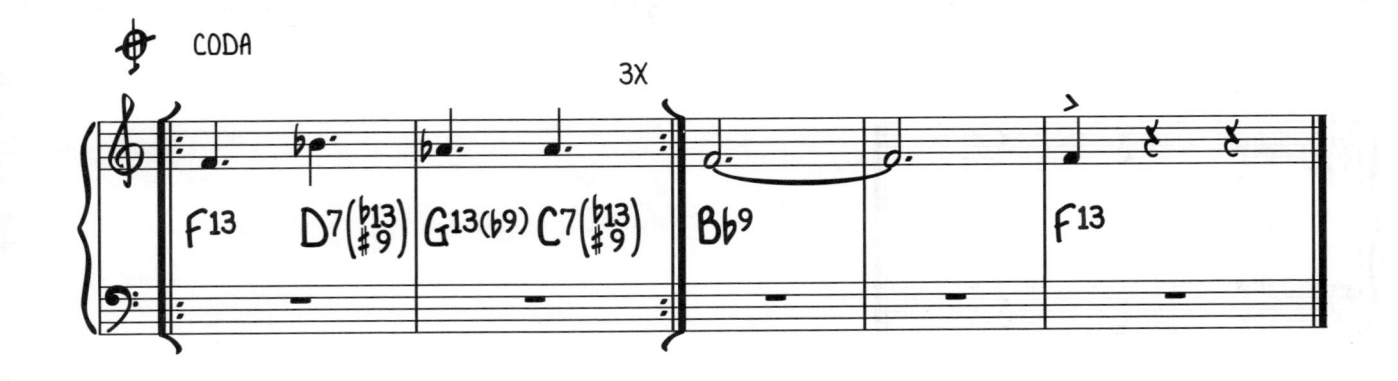

12 BAR BLUES in 3/4 IN B FLAT - COMP

12 BAR BLUES in 3/4 IN B FLAT (LEADSHEET)

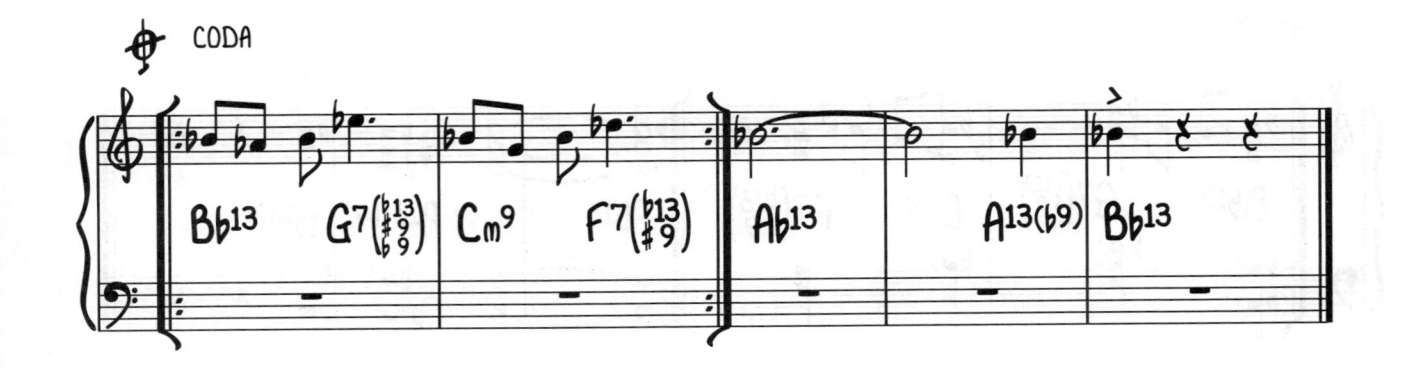

12 BAR BLUES IN 3/4 IN B FLAT